Astrid Lindgren wurde 1907 im schwedischen Småland geboren und starb 2002 in Stockholm. Sie gehört zu den bekanntesten Kinderbuchautoren der Welt und wurde u.a. mit dem Friedenspreis des Deutschen Buchhandels, dem Alternativen Nobelpreis, dem Schwedischen Staatspreis für Literatur sowie dem Hans-Christian-Andersen-Preis ausgezeichnet.

Katrin Engelking, 1970 in Bückeburg geboren, studierte an der Fachhochschule für Gestaltung in Hamburg Illustration und arbeitet seit 1994 als freie Künstlerin. 1995 veröffentlichte sie bei Oetinger ihr erstes Buch, heute gehört sie zu den wichtigsten Illustratorinnen des Verlages.

Astrid Lindgren

Pelle zieht aus

Deutsch von
Karl Kurt Peters

Bilder von
Katrin Engelking

Verlag Friedrich Oetinger · Hamburg

Inhalt

Pelle ist böse

Pelle ist böse.
Er ist derartig böse,
dass er beschlossen hat,
von zu Hause wegzuziehen.
Man *kann* einfach nicht weiter
bei einer Familie wohnen,
wo man *so* behandelt wird.

Das war heute Morgen,
als Papa ins Büro gehen wollte
und seinen Füller
nicht finden konnte.
„Pelle, hast du schon wieder
meinen Füller genommen?",
fragte Papa.
Und er packte Pelle hart am Arm.

Pelle hatte Papas Füller
schon oft ausgeliehen.
Aber nicht heute.
Heute steckte der Füller
in Papas brauner Jacke,
die im Schrank hing.
Pelle war vollkommen unschuldig.

Und Papa, der ihn so hart
am Arm gepackt hatte?
Und Mama?
Sie hielt natürlich zu Papa.
Das muss jetzt ein Ende haben!

7

Pelle will ausziehen

Pelle will ausziehen.
Aber wohin?
Er kann zur See gehen.

Das kann er.
Aufs Meer,
wo die großen Schiffe
und die großen Wellen sind.

8

Dort kann man sterben.
Dann soll es denen zu Hause
leidtun.
Er kann auch nach Afrika fahren,
wo wilde Löwen herumlaufen.

Wenn Papa dann aus dem Büro
nach Hause kommt
und wie immer fragt:
„Wo ist mein kleiner Pelle?",
dann weint Mama und sagt:
„Pelle ist von einem Löwen
aufgefressen worden."

Ja, ja, so geht es,
wenn man ungerecht ist!
Aber Afrika ist so weit weg.

Pelle würde gern
etwas mehr in der Nähe bleiben,
damit er sehen kann,
wie Papa und Mama nach ihm weinen.

Pelle beschließt deshalb,
nach „Herzhausen" zu ziehen.
So nennen sie
das kleine rote Häuschen
unten im Hof
mit dem Herz in der Tür.
Dorthin wird er ziehen.

Pelle packt

Er fängt sofort an zu packen:
seinen Ball,
seine Mundharmonika
und sein Buch
„Hänschen im Blaubeerwald".

Und dann noch eine Kerze.
In zwei Tagen
ist doch Weihnachten
und Pelle will in Herzhausen
Weihnachten feiern.

Da will er dann
sein kleines Licht anzünden
und „Ihr Kinderlein kommet"
auf der Mundharmonika spielen.
Das wird sehr traurig klingen
und es wird bis hinauf
zu Mama und Papa zu hören sein.

Pelle zieht sich seinen feinen,
hellblauen Mantel
und die Handschuhe an
und setzt die Pelzmütze auf.

14

Und dann nimmt er
die große Papiertüte
mit dem Ball
und der Mundharmonika
und der Kerze
in die eine Hand.
In der anderen Hand trägt Pelle
„Hänschen im Blaubeerwald".

Er geht noch einmal
durch die Küche,
damit Mama sehen kann,
dass er jetzt auszieht.
„Aber Pelle,
willst du schon rausgehen?",
fragt Mama.
Pelle antwortet nicht.
Rausgehen, ha!

Mama sieht,
dass Pelle
eine tiefe Falte
auf der Stirn hat
und dass
seine Augen
ganz dunkel sind.

„Pelle, Liebling,
was hast du,
wo willst du hin?"
„Ich ziehe um!"
„Wohin denn?",
fragt Mama.
„Nach Herzhausen",
sagt Pelle.

„Pelle, das kann doch nicht
dein Ernst sein!
Wie lange willst du dort wohnen?",
fragt Mama.
„Für immer", sagt Pelle
und legt die Hand
auf den Türgriff.
„Dann kann Papa ja jemand anders
die Schuld geben,
wenn sein alter Füller wegkommt."

„Lieber, guter Pelle",
sagt Mama und schlingt
die Arme um ihn.
„Willst du nicht doch
bei uns bleiben?
Wir sind vielleicht
manchmal ungerecht,
aber wir haben dich doch
so, so lieb."

18

Pelle zögert.

Aber nur einen Augenblick.

Dann schiebt er

Mamas Arm beiseite.

Er wirft ihr einen letzten

vorwurfsvollen Blick zu

und wandert die Treppe hinunter.

Mama guckt aus dem
Esszimmer-Fenster
und sieht,
wie eine kleine, hellblaue Gestalt
hinter der Tür mit dem Herz
verschwindet.

Eine halbe Stunde vergeht.
Da hört Mama
einige schwache
Mundharmonika-Töne.
Es ist Pelle, er spielt
„Nun ade, du mein lieb Heimatland".

22

In Herzhausen

Herzhausen
ist ein richtig gemütlicher Ort,
findet Pelle.
Für den Anfang jedenfalls.
„Hänschen im Blaubeerwald"
und den Ball
und die Mundharmonika
hat er so hingelegt,
dass es so gemütlich
wie möglich aussieht.

Und die kleine Kerze
hat er ins Fenster gestellt.
Oh, wie traurig wird es dort
am Weihnachtsabend leuchten,
falls Papa und Mama
zu ihm heruntersehen.

Aus dem Esszimmer-Fenster.
Am Esszimmer-Fenster
steht immer der Weihnachtsbaum.
Der Weihnachtsbaum, ach ja.
Und die Weihnachtsgeschenke.
Pelle schluckt.
Nein, er wird
keine Weihnachtsgeschenke
annehmen.
Doch nicht von Leuten,
die behaupten,
dass er Füller stiehlt.

Er spielt noch einmal
„Nun ade, du mein lieb Heimatland".
Aber die Zeit in Herzhausen
wird lang.
Sehr lang.

Was Mama
wohl gerade macht?
Papa muss wohl inzwischen
auch schon nach Hause
gekommen sein.

Pelle würde so gern
in die Wohnung hinaufgehen
und sehen, ob sie sehr weinen.
Aber es ist schwer,
einen Grund dafür zu finden.

Dann hat er einen Einfall.
Rasch öffnet Pelle
den Riegel an der Tür.
Er geht, nein, er läuft beinahe
über den Hof
und die Treppen hinauf.

Trauriges Weihnachten

Mama ist immer noch in der Küche.
„Mama", sagt Pelle, „wenn für mich
Weihnachtskarten kommen sollten,
sagst du dann dem Briefträger,
dass ich ausgezogen bin?"
Mama verspricht, es zu tun.
Pelle geht zögernd wieder zur Tür.
Seine Füße fühlen sich
so schwer an.

„Pelle", sagt Mama
mit ihrer weichen Stimme.
„Was sollen wir denn mit deinen
Weihnachtsgeschenken machen?
Sollen wir die
nach Herzhausen hinunterschicken?
Oder kommst du herauf
und holst sie?"
„Ich will keine
Weihnachtsgeschenke haben",
sagt Pelle mit zitternder Stimme.

„Oh, Pelle",
sagt Mama.
„Das wird aber
ein trauriger Heiligabend.
Kein Pelle, der die Kerzen
am Tannenbaum anzündet.

Kein Pelle,
der dem Weihnachtsmann
die Tür aufmacht ...
Alles, alles ohne Pelle ..."

„Ihr könnt euch ja
einen anderen Jungen anschaffen",
sagt Pelle mit zitternder Stimme.

„Nie im Leben!",
sagt Mama. „Pelle oder keinen!

Wir haben doch nur
unseren Pelle so furchtbar lieb."
„Ach so",
sagt Pelle mit noch mehr Zittern
in der Stimme.
„Papa und ich,
wir werden hier sitzen
und den ganzen Heiligabend weinen.

Wir werden nicht einmal
die Lichter anzünden.
Oh, wie werden wir weinen!"
Da lehnt Pelle den Kopf
an die Küchentür
und weint auch.

Er weint so herzzerreißend,
so laut, so durchdringend,
so schrecklich!
Denn er hat solches Mitleid
mit Papa und Mama.

Und als Mama ihre Arme
um ihn legt,
bohrt er sein Gesicht
an ihren Hals.
Und er weint noch mehr,
so sehr,
dass Mama ganz nass wird.

„Ich verzeihe euch",
sagt Pelle zwischen den
Schluchzern.
„Danke, lieber Pelle",
sagt Mama.

Viele, viele Stunden später
kommt Papa
aus dem Büro nach Hause.
Wie immer ruft er
schon in der Diele:
„Wo ist mein kleiner Pelle?"

„Hier!",
schreit Pelle und wirft sich
ihm in die Arme.

**Lesespaß mit
Astrid Lindgren**

Astrid Lindgren
Kindertag in Bullerbü
ISBN 978-3-7891-1096-2

Illustration Katrin Engelking

Oetinger

Weitere Informationen zu allen Produkten rund um Astrid Lindgrens Welt unter:
www.astrid-lindgren.de und www.oetinger.de

Mit Astrid Lindgren wird es lustig!

Astrid Lindgren
Ihre schönsten Kinder- und Jugendbücher

Oetinger

Weitere Informationen zu allen Produkten rund um Astrid Lindgrens Welt unter:
www.astrid-lindgren.de und www.oetinger.de

Noch nie war es
so schön in Bullerbü!

Astrid Lindgren
Wir Kinder aus Bullerbü
96 Seiten · Ab 6 Jahren
ISBN 978-3-7891-4177-5

Astrid Lindgren
**Mehr von uns Kindern
aus Bullerbü**
112 Seiten · Ab 6 Jahren
ISBN 978-3-7891-4194-2

Astrid Lindgren
Immer lustig in Bullerbü
128 Seiten · Ab 6 Jahren
ISBN 978-3-7891-0393-3

In Bullerbü zu leben ist das Allerschönste auf der Welt, findet Lisa. Im ganzen Dorf gibt es nur drei Höfe, und Lisa, Lasse, Bosse, Inga, Britta und Ole spielen von früh bis spät. Auf dem Heuboden schlafen, sich verkleiden, Großvater vorlesen und Hütten bauen macht in Bullerbü riesigen Spaß.

Ein Schatz für jedes Kinderzimmer: die Neuausgaben von Astrid Lindgrens Kinderidylle, mit hinreißenden bunten Bildern der Illustratorin Katrin Engelking.

Weitere Informationen zu allen Produkten rund um Astrid Lindgrens Welt unter:
www.astrid-lindgren.de und **www.oetinger.de**

FSC
www.fsc.org

MIX
Papier aus verantwor-
tungsvollen Quellen
FSC® C002795

Überarbeitete Neuausgabe

1. Auflage
© 2010, 2013, 2020 Verlag Friedrich Oetinger GmbH,
Max-Brauer-Allee 34, 22765 Hamburg
Alle Rechte für die deutschsprachige Ausgabe vorbehalten
© Text: Astrid Lindgren 1950 / The Astrid Lindgren Company AB
© Titelbild und farbige Illustrationen: Katrin Engelking 2010
© Übersetzung: Karl Kurt Peters
Die schwedische Originalausgabe erschien bei
Rabén & Sjögren Bokförlag, Stockholm, unter dem Titel
„Pelle flyttar till Komfusenbo"
Einband- und Reihengestaltung von Andrea Pieper
Auslandsrechte vertreten durch The Astrid Lindgren Company,
Lidingö, Schweden.
Mehr Informationen unter info@astridlindgren.se

ASTRID
LINDGREN
COMPANY

Druck und Bindung: Livonia Print SIA,
Ventspils iela 50, LV-1002, Riga, Lettland
Printed 2020
ISBN 978-3-7512-0056-1

www.astridlindgren.com
www.astrid-lindgren.de
www.oetinger.de